# Солодких снів, моя люба



# Sweet Dreams, My Love

Шеллі Едмонт
Ілюстратор: Кейт Ретнер

www.kidkiddos.com

support@kidkiddos.com


First edition

Translated from English by Yuliia Vereta
***З англійської переклала Юлія Верета***

Library and Archives Canada Cataloguing in Publication
Sweet Dreams, My Love (Ukrainian English Bilingual Edition)/ Shelley Admont
ISBN: 978-1-5259-4681-3 paperback
ISBN: 978-1-5259-4682-0 hardcover
ISBN: 978-1-5259-4680-6 eBook

Please note that the Ukrainian and English versions of the story have been written to be as close as possible. However, in some cases they differ in order to accommodate nuances and fluidity of each language.

***Настав вечір. Сонце зайшло, і стало темно.***

Evening came. The sun went down and it became dark.

***- Пора спати, Еліс, - сказала мама.***

"It's time to sleep, Alice," Mom said.

***Еліс стрибала на ліжку.***
***- Я ще не хочу спати! - поскаржилася вона. - Я зовсім не втомилася, мамо! Мені обов'язково лягати спати?***

Alice was jumping on her bed. "I don't want to go to bed yet!" she complained. "I'm not tired at all, Mom! Do I have to sleep?"

*Мама погладила її по голові і ніжно сказала:*
*- Тобі потрібно лягати спати. Це допоможе тобі стати сильною і повною енергії завтра.*

Mom patted her head and said gently, "You need to go to sleep now. It will help you be strong and full of energy tomorrow."

*Еліс погодилася і кивнула.*

Alice agreed and nodded her head.

*- То ти готова лягти спати? - запитала мама.*

"So are you ready for bed?" Mom asked.

*- Думаю, так, - відповіла Еліс, знизуючи плечима.*

"I think so," Alice answered, shrugging her shoulders.

*- Подивимося, - сказала мама. Вона сіла на ліжко і обійняла доньку.*

"Let's see," said Mom. She sat on the bed and cuddled her daughter.

***- Ти вже прийняла ванну?***

"Did you take a bath yet?"

***- О так, - відповіла Еліс, - було дуже тепло і весело. Там було багато різнокольорових бульбашок, що літали по всій ванній кімнаті! А ще ти заспівала мені пісню, і ми обидві сміялися, пам'ятаєш, мамо?***

"Oh, yes!" answered Alice, "it was very warm and fun. There were lots of colorful bubbles flying all over the bathroom! Also, you sang me a song and we both laughed, remember, Mom?"

***Мама посміхнулася.***
***- Я пам'ятаю, мила. У тебе на носі була пухнаста піна, це було так смішно.***

Mom smiled. "I remember, sweetie. You had some fluffy foam on your nose, it was so funny."

***Вона хихикнула і торкнулася носа Еліс.***

She giggled and touched Alice's nose.

***- А як щодо твоєї піжами? Ти її одягла?***
***- продовжувала мама.***

"Now, how about your pajamas? Did you put them on?" continued Mom.

***- Ну звичайно! - сказала Еліс. - Я одягла свою улюблену піжаму! Вона з безліччю єдинорогів та мого улюбленого кольору - фіолетового. Вона дуже м'яка і зручна. Дивись!***

"Of course I did!" said Alice.
"I wore my favorite pajamas!
They're purple – my favorite color,
with lots of unicorns! They're
really soft and comfy. Look!"

***- Зрозуміло, - сказала мама. - Сподіваюся, ти не забула почистити зуби.***

"I see," said Mom. "I hope you remembered to brush your teeth."

***Вона поцілувала Еліс в лоб і міцніше обійняла.***

She kissed Alice on the forehead and hugged her tighter.

***Еліс посміхнулася і показала свої білі блискучі зуби.***

Alice smiled and showed off her white, shiny teeth.

***- Звичайно, - сказала вона. - Сьогодні я скористалася полуничною зубною пастою. Спочатку я хотіла спробувати нову м'ятну зубну пасту, яку ти купила, але потім вирішила скористатися полуничною.***

"I sure did," she said. "I used my strawberry toothpaste today. At first, I wanted to try the new mint toothpaste you bought, but then I decided to use the strawberry one instead."

***Мама накрила Еліс ковдрою і запитала:***
***- Я вже прочитала тобі казку на ніч?***

Mom covered Alice with a blanket and asked, "Have I read you a bedtime story yet?"

***- Так, мамо. Хіба ти не пам'ятаєш? Вона була про Джиммі, маленького кролика, і його братів, - відповіла Еліс.***

"Yes, Mom. Don't you remember? It was about Jimmy, the little bunny and his brothers," Alice answered.

***- У їх мами був день народження, і вони хотіли зробити їй подарунок. Вони приготували її улюблену їжу і намалювали їй красиву листівку.***

"It was their mom's birthday and they wanted to make her a birthday present. They cooked her favorite food and made her a beautiful card."

***Мама погладила її по голові і тихо прошепотіла: - То ти вже прийняла ванну...***

Mom patted her head and quietly whispered, "So you already took a bath..."

***- Так, з різнокольоровими бульбашками, - додала Еліс, підтягуючи ковдру.***

"Yes, with colorful bubbles," added Alice, pulling up her blanket.

***- І одягла піжаму... - продовжувала мама, цілуючи її в ніс.***

"And you put on your pajamas..." continued Mom, kissing her nose.

***- Мою фіолетову піжаму,***
***- пробурмотіла Еліс.***

"My purple pajamas," said Alice, murmuring.

***- Ти почистила зуби... - прошепотіла мама.***

"You brushed your teeth..." whispered Mom.

***- Полуничною ... зубною пастою, - сказала Еліс, повільно заплющуючи очі.***

"With... strawberry... toothpaste..." said Alice, slowly closing her eyes.

***- І ми прочитали казку на ніч... “ - закінчила мама.***

“And we read a bedtime story...” Mom finished.

***- Так... - Еліс голосно позіхнула.***

“Yes...” Alice yawned loudly.

***Мама приглушила світло в кімнаті.***
***- Значить, робити більше нічого, - сказала вона.***

Mom dimmed the lights in the room. "So there's nothing left to do," she said.

**- А як щодо поцілунку на ніч? - запитала Еліс, розплющивши одне око.**

"What about a goodnight kiss?" asked Alice, opening one eye.

***Мама посміхнулася і поцілувала її в лоб.***
***- Ось твій поцілунок, - сказала вона.***

Mom smiled and kissed her on her forehead. “Here’s your kiss,” she said.

***- Ще один поцілунок сюди, - Еліс вказала на свій ніс. – І сюди ... і сюди…***

“One more kiss here,” Alice pointed to her nose. “And here… and here…”

***- Один в праву щоку, інший в ліву, і ще кілька поцілунків в ніс, щоб впевнитися, що ти будеш добре спати, - сказала мама, покриваючи її обличчя м'якими поцілунками.***

"One on the right cheek, one on the left cheek, and more kisses on your nose to make sure you sleep well," Mom said, covering her face with soft kisses.

***- Солодких снів, Еліс. Я люблю тебе і завжди буду любити. А тепер заплющуй очі і солодких снів.***

"Sweet dreams, Alice. I love you and always will. Now close your eyes and have a beautiful dream."

***- Про єдинорогів? - пробурмотіла Еліс, заплющивши очі.***

"About unicorns?" mumbled Alice, her eyes fully closed.

***- Можливо, про єдинорогів, - сказала мама.***

"Maybe about unicorns," said Mom.

**- І про пухнасті хмари?- прошепотіла Еліс.**
"And fluffy clouds?" Alice whispered.

**- Так, і про пухнасті хмари, - відповіла мама.**
"Yes, and fluffy clouds," Mom answered.

**- А як щодо веселок? - прошепотіла Еліс ще тихіше.**
"How about rainbows?" Alice whispered even more softly.

**- І про веселки теж, - відповіла мама. - На добраніч, моя люба. Солодких снів.**
"And rainbows, too," Mom said. "Goodnight, my love. Sweet dreams."

Lightning Source UK Ltd.
Milton Keynes UK
UKHW050717260422
402026UK00005B/203

9 781525 946813